中国儿童核心素养培养计划

课后半小时 小学生阶段阅读

文化基础 ✕ 自主发展 ✕ 社会参与

物理现象

课后半小时编辑组 ■ 编著

发现身边的它们

003

北京理工大学出版社
BEIJING INSTITUTE OF TECHNOLOGY PRESS

第 1 天 万能数学 〈数学思维
第 2 天 地理世界 〈观察能力　地理基础
第❸天 物理现象 • 观察能力　物理基础
第 4 天 神奇生物 〈观察能力　生物基础
第 5 天 奇妙化学 〈理解能力　想象能力
　　　　　　　　化学基础

第 6 天 寻找科学 〈观察能力　探究能力
第 7 天 科学思维 〈逻辑推理
第 8 天 科学实践 〈探究能力　逻辑推理
第 9 天 科学成果 〈探究能力　批判思维
第 10 天 科学态度 〈批判思维

文化基础 ➤ 科学基础 ——— 科学精神 ——— 人文底蕴

核心素养之旅
Journey of Core Literacy

　　中国学生发展核心素养，指的是学生应具备的、能够适应终身发展和社会发展的必备品格和关键能力。简单来说，它是可以武装你的铠甲、是可以助力你成长的利器。有了它，再多的坎坷你都可以跨过，然后一路登上最高的山巅。怎么样，你准备好开启你的核心素养之旅了吗？

第 11 天 美丽中国 〈传承能力
第 12 天 中国历史 〈人文情怀　传承能力
第 13 天 中国文化 〈传承能力
第 14 天 连接世界 〈人文情怀　国际视野
第 15 天 多彩世界 〈国际视野

第 16 天 探秘大脑 〈反思能力
第 17 天 高效学习 〈自主能力　规划能力
第 18 天 学会观察 〈观察能力　反思能力
第 19 天 学会应用 〈自主能力
第 20 天 机器学习 〈信息意识

学会学习 ⋯⋯

自主发展 ➤

健康生活 ⋯⋯
第 21 天 认识自己 〈抗挫折能力　自信感
第 22 天 社会交往 〈社交能力　情商力

社会参与 ➤ **责任担当**　　**实践创新** ——— **总结复习**

第 23 天 国防科技 〈民族自信
第 24 天 中国力量 〈民族自信
第 25 天 保护地球 〈责任感　反思能力
　　　　　　　　国际视野

第 26 天 生命密码 〈创新实践
第 27 天 生物技术 〈创新实践
第 28 天 世纪能源 〈创新实践
第 29 天 空天梦想 〈创新实践
第 30 天 工程思维 〈创新实践

第 31 天 概念之书

中国儿童核心素养培养计划

课后半小时 小学生阶段阅读

文化基础 ✕ 自主发展 ✕ 社会参与

003

卷首

FINDING　发现生活

EXPLORATION 上下求索

COLUMN　青出于蓝

THINKING　行成于思

判天地之美，析万物之理

物理学与数学是自然科学的两大支柱，在众多学科之中有着特殊而重要的地位。当今世界，我们的现代文明几乎没有哪个领域不依赖物理学，它也是我们认识世界的基础。从宏观现象到微观世界，从经典物理到宇宙前沿，从波动粒子到神秘黑洞，无论是要追逐恒星的辉光，还是要穿越远古的遗迹，这些都离不开神奇的物理学。

物理学的历史，可以追溯到很久很久以前。古代物理学的萌芽，往往和人们的生活与生产有着密切的关联，可以说，那个时候的物理学是为了服务于人的生活。而到了现在，物理学早就已经成为一门精密的科学，声学、力学、热学等一些经典物理学已经构建了比较完整的理论体系，物理帮助我们认识到了世界上的许多规律，将一个更加"完整""准确"的地球呈现在人类的面前。

而我们的生活中，也充斥着各种各样的物理现象，有的时候你可以一眼就发现它们，而有的时候，它们已经彻彻底底地融入了所有人的生活中，需要你仔仔细细地去寻找。当你找到它们的时候，你就可以发现，原来严肃的科学原理一直都藏在你身边的有趣话题里。你看，沸腾的水里藏着物态变化；菜刀薄薄的刀刃里藏着压力和压强；而山谷中传来的回声中藏着声音的反射。所以，不管你有没有学过物理，你总是见过许多物理现象的。这些物理现象中涵盖了物理学中的基本知识，你可以在课本中找到它们，但是我们希望能够揭开这些知识的神秘面纱，把它们填充到最有趣、最日常的画面里，把这个充满奇趣的物理世界展现在你的面前。

　　此外，物理学也是科技发展的基础，没有物理知识的沉淀，我们根本看不到这么多的科技成果。国家对物理学的看重已经不必多说，信息、能源、航天、材料、计算机等，每一个领域和行业都离不开物理学。学好物理学，未来的你就可以在这些领域中施展自己的抱负。无论是想要开发可以在天上飞的汽车，还是想要研究神秘的虫洞，未来总是属于你的，你可以利用物理学做你想要做的事。

　　愿所有的你们，都能够在这本书中发现物理的乐趣。

周立伟
中国工程院院士，电子光学和光电子成像专家

小小秤砣压千斤

撰文：一喵师太

你见过超市里用来称重的电子秤吗？我们把东西放上去，就能够称出东西的重量。重量就是物理学中的一个概念。

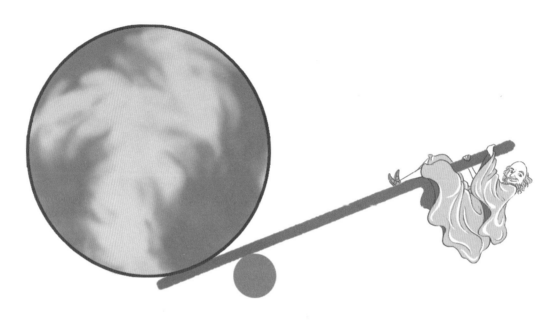

主编有话说

杠杆是一种简单机械，物理学中，在力的作用下能绕着固定点转动的硬棒就是杠杆，这个固定点就是杠杆的支点。木杆秤是一种杠杆，你玩的跷跷板也是一种杠杆，在实验室里经常会用到的天平也是一种杠杆。杠杆真是"无处不在"，一直在方便着我们的生活。

在古代，人们的生活中还没有这么便利的电子秤，你知道那时的人们都用什么称重吗？

没错！他们用的就是用木头制作成的木杆秤。木杆秤有上千年的历史，最开始它还不叫木杆秤，叫作"权衡"，"权"就是秤砣，"衡"就是秤杆。所以木杆秤其实就是由秤杆和秤砣组成的，对了，不要忘了还要有能够挂住物品的秤钩。在称重的时候，只要把东西挂在秤钩上，然后缓慢挪动另一边的秤砣，直到两边保持住了平衡，我们就能够从秤砣所在的秤杆上的刻度判断出东西的重量了。听起来是不是很简单？其实，这个就运用了杠杆原理，木杆秤就是一种杠杆。

杠杆的"威力"可是巨大无比的，阿基米德曾说："给我一个支点，我可以撬起地球。"而杠杆原理也被物理学中的力学"收入囊中"。

不用生火的小火锅

撰文：一喵师太

你见过那种不需要生火就能吃到饭的小火锅吗？尽管不需要生火，但是它需要热量……

不用生火的小火锅，看上去是一个双层的塑料盒，里面可是藏着好东西。打开之后，你会发现，上层是满满当当的火锅底料和食材，下层放着一个鼓鼓囊囊的白色纸袋。我们只需要把白色纸袋的包装拆开，然后倒一些水进去，就可以等着吃火锅了。你会发现，水倒进去之后，白色纸袋会发出噼噼啪啪的响声，然后就会有热腾腾的蒸汽冒出来，慢慢地煮熟塑料盒上层的食材。

那个白色的纸袋就叫作"食品专用发热包"，里面装着一种叫作"生石灰"的白色粉末。一旦把这种粉末泡进水中，瞬间就能发生奇特的化学反应，释放出很多热量，把化学能转换成热能，从而把食物煮熟。据说，生石灰散发出的热量可以让蒸汽达到 150℃ 以上，煮熟一条鱼对它来说完全不在话下。而且，发热包的表面不是纸，是一种耐高温的无纺布，这样才能保证生石灰散发出的高温不会引发火灾。同样，使用的双层塑料盒也是用耐高温材料特制的。

这样，耐高温容器加上生石灰发热包，就变成了一个随时随地都可以享用火锅的"神器"啦。

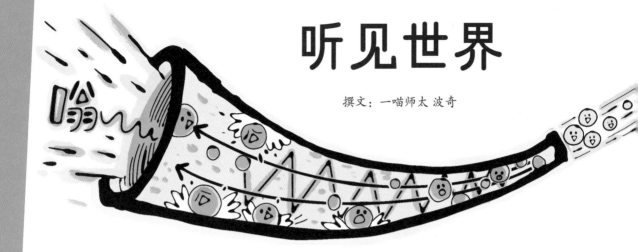

听见世界

撰文：一喵师太 波奇

声大侠

"明月别枝惊鹊，清风半夜鸣蝉。稻花香里说丰年，听取蛙声一片。"

这是辛弃疾的《西江月·夜行黄沙道中》的几句词，短短二十五个字，就把一幅大自然的画卷展开在我们的眼前。而其中的鸣蝉和蛙声，就是我们所"听见"的世界。我们听见的，就是声音，声音是一种物理现象。

你知道声音是怎么发出来的吗？其实，只有振动的物体才能发出声音。风吹过营帐，有帆布振动的声音，人敲动战鼓，是鼓面振动的声音，而蝉能发出声音，也是依靠了它腹肌部的发声器，其就像是一个蒙着鼓面的大鼓，鼓面振动时，蝉就可以发出声音。可以说，振动是物体发声必不可少的条件。

你是不是在好奇，一些没有琴弦的乐器，像是笛子、箫等，它们是靠哪里振动的呢？其实，在我们看不见的地方，乐器里面也藏着一些"小家伙"呢。当我们向乐器的吹口中吹气的时候，里面藏着的空气会相互撞击，这样产生的振动让这些乐器发出了声音。

▌主编有话说

振动

发声物体在振动的时候，会产生看不见的波纹，也就是声波，声音就是以声波的形式传播的。

▌主编有话说

蝉能发出声音

所有蝉都可以发出声音吗？其实，只有雄蝉才可以发出声音，它们可是蝉里面有名的演奏家啊。

振动的快慢，也会影响声音呢，振动越快，音调就越高；振动越慢，音调就越低。你可以想象一下，男高音的音调就要比男低音的音调要高。不过音调和声音的大小也没关系，你看蚊子的声音很小，但是它的音调高；牛的声音大，但是它的音调低。那声音的大小又是什么呢？在物理学中，声音的大小叫作响度。振动的幅度越大，声音的响度就会越大；幅度越小，声音的响度就越小。就像是在海面上，越高的浪花发出的声音越大，越平稳的浪花发出的声音越小一样。

声音还有第三个特质，你看，不同乐器的声音也都不一样，这其实就是音色。材质、结构不同的物体，发出的声音也不同。

▌主编有话说

在物理学中，我们用"频率"来描述物体振动的快慢，频率的单位是"赫兹"（Hz）。

▶延伸知识

声音哪儿都可以去吗？

其实，声音的传播是需要条件的，那个条件就是介质，气体、固体、液体都是可以传播声音的"介质"。如果没有传播介质，就听不到声音了。比如，在没有空气的太空中，到处都是静悄悄的。

恐怖的"鬼声"

撰文：一喵师太
美术：Studio Yufo

有个小和尚在寺庙里听到了"鬼声"，声大侠可不相信，快和他一起去"破案"吧！

当一个物体振动发声以后，如果不再对它施加外力，那么它就会进入自由振动状态。如果没有空气阻力，它会以固定的振动频率一直运动下去，这个振动频率叫作物体的固有频率。

如果编钟每秒钟振动450下，那么它的固有频率就是450赫兹。不过，编钟振动的幅度非常小，很不容易观察到。

如果两个物体拥有相同的固有频率，敲响其中一个物体，另一个物体也会发出声响。

跟我一起响！

好嘞！

400Hz

这就是共振！

铜钟和磬就有相同的固有频率，所以每当报时的钟声响起时，磬也会一起响。

我不是故意吓唬人的……

所以根本没有鬼，是你不懂物理而已！

原来是这样……

主编有话说

中国古代有很多和物理有关的故事,这篇《恐怖的"鬼声"》就改编自《国史异纂》中"曹绍夔捉怪"一节。即使是在科技不发达的古代,人们也已经开始用物理知识来解释生活中发生的各种现象了,因此,中国古代物理学科的发展,和文学、艺术一样,拥有悠久的历史背景。

画加油站

声音在传播过程中，如果遇到了障碍物，就会被反射。
回声就是声音反射现象的一种。

我们对着山崖喊话后，听到的其实是我们自己的声音，是在经过山崖的反射之后又原路返回到了我们身边，所以叫作"回声"。

你知道怎么样才能产生回声吗?

撰文：一喵师太

想要产生回声，需要两个条件：第一是反射面要足够大，第二是声音和反射面之间的距离要合适。

那么什么是反射面呢？阻挡住你的声音的障碍物，并且把你的声音反射回来的，就是反射面。我们对着山崖喊话可以听到回声，这个时候，山崖就是反射面。如果反射面太小，回声就没有足够的能量"飞"回到我们的耳边。不信，你拿起一张纸，冲它喊话，看看能不能听到回声。

同时呢，如果发出声音的物体距离反射面太远，回声在半路上就把能量消耗完了，那我们自然也听不到回声；如果我们距离反射面太近，回声就会和原来的声音重叠在一起，难以分辨。

▶ 延伸知识

被"偷走"的声音

你知道吗，声音除了会被物体反射外，还能被物体吸收。声音在传播过程中，如果遇到坚硬、光滑的物体，就更容易被反射；如果遇到柔软、褶皱的物体，就更容易被吸收。这就是为什么电影院里，人们用凹凸不平的材料来涂装墙壁，这样就能够防止电影声音太大而损害人的听力了。

太远了，我没有那么大力气……

听不见的声音

这个世界上的声音千奇百怪，组合成很多奇妙的乐曲，可是，还有一些人类听不见的声音藏在角落里。

撰文：十九郎

还记得我们之前讲过的"赫兹"吗？人的耳朵只能听到 20~20000 赫兹的声音。低于 20 赫兹的声音就是次声波，虽然人类听不到这种声音，但是有些动物是可以听到的。

地震的时候，土地和岩石相互碰撞，会发出频率低、能量大的次声波。"听"到了次声波的动物们，就会开始准备逃跑。所以，如果动物们突然同时迁徙，就可能是大地震的前兆！

次声波也有"黑历史"

秘密日记

能量强大的次声波，可以导致人体的内脏破裂、出血；能量微小的次声波，比如发动机传出来的次声波，容易让人们晕船、晕车。但是生活中处处都有次声波，大风、雷雨、汽车甚至扩音喇叭，都能产生次声波，所以我们不能消灭它。后来，人类把次声波利用在了很多领域，例如监测气象活动、地壳活动等，这样次声波终于为我们创造了价值。

频率高于 20000 赫兹的"声音"是超声波，人们同样也听不到它。不过，虽然人类听不到，但它仍然是大自然中常见的声波，蝙蝠就是超声波最著名的"代言人"。蝙蝠常年生活在阴暗的洞穴中，因此它们的视力很差，所以，蝙蝠才进化出了特殊的"导航"技巧——超声波回声定位。

蝙蝠会用口鼻发出超声波，用耳朵接收反射波，然后就可以在大脑中构建一幅立体的环境图像，轻松躲避障碍物。

秘密日记

有人说，雷达的发明就借鉴了蝙蝠利用超声波定位的特性。可是，偷偷告诉你，雷达使用的是电磁波，是由电磁粒子构成的，它和属于机械波的超声波可没有关系。

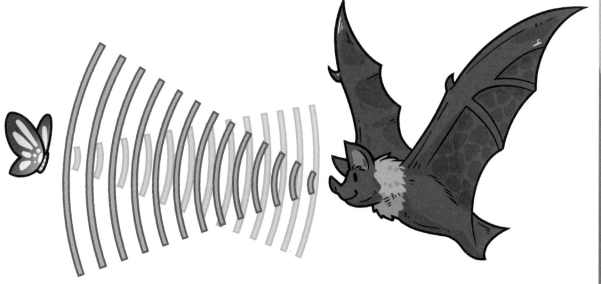

人们利用超声波发明了声呐，不管多深的海底峡谷，都能被超声波探测到。人们还用超声波诊断疾病，在医院做的 B 超也是一种超声波。你看，超声波可是一种很"实用"的声音啊。

光影魔术师

撰文：一喵师太
美术：Studio Yufo

在物理世界里，光是一个魔术师，光的速度很快很快，一秒钟就能绕地球 7 圈；而且它还总是沿直线传播，在遇到障碍物的时候，光就会被挡住，然后就会出现我们见到的影子。而光源，就是这一切神奇现象的起点。

光源是什么？

光从哪里来，哪里就叫作"光源"。

光大侠

我是阳光，我住在太阳上，太阳是光源；

月球本身不发光，所以月球不是光源。

我是萤火虫，我也会发光，所以我也是光源；

我住在蜡烛里，蜡烛是光源；

我住在火把中，火把是光源。

存在于大自然的光，叫作自然光源。人类制造的光，叫作人工光源。

台灯和电脑屏幕也是光源哦！

台灯

电脑

月亮因为反射阳光才会发光，所以光线微弱，也不稳定，不能用来演影戏。

咦，今晚没有影子吗？

可是，人工光源就不一样了，需要的时候，我们就可以点灯、点火，想要多亮就能多亮。

多放点柴，还能再亮一点！

抓不住的镜花水月

撰文：波奇

每个晴朗无云的夜晚，月亮就好像拥有了分身术，天上挂着一轮，河里也藏着一轮。你觉得，我们可以从水里面捞出月亮吗？其实，河里的月亮不是真的月亮，那是水面反射了月光。当光线照射到物体上时，物体就像是变成了一个"小门神"，拦住光线，不让它们进去。打输了的光线就会被赶跑，这就叫作光的反射。

月光照射在平静的水面上，反射出的光线进入了我们的眼睛里。但是，人们的眼睛更习惯看到正前方的物体，所以才会觉得月亮是"藏"在水里的。

当水面平静、没有波浪的时候，整个水面就是一个巨大的镜子，水中的月亮就是反射到眼中的影像。

我在上面！上面！

月亮掉进水里啦！

虚幻的神仙岛

撰文：Spacium

你听说过"海市蜃楼"吗？它可不是什么神仙岛，而是物体折射在天空中的虚像，就算我们能看见，也摸不着。这也是光这个魔术师在"搞鬼"。

在同一种介质中，光确实是沿着直线传播的。当光从一种介质射入另一种介质时，光的传播方向就会发生改变。这样，光就在传播过程中发生了弯折，这就是光的折射。海市蜃楼就和光的折射有关系。

由于水的特殊性，海水附近的空气湿度偏低，空气密度更大，而远离水面的地方空气温度偏高，空气密度较小。这种疏密不均导致建筑物发出的光线在空气中发生了偏折，"拐弯"进入了人的眼睛。但是由于人眼更习惯从笔直的方向看到物体，所以才会错以为建筑物飘在天上。

神奇的千里眼

明朝崇祯年间，科学家徐光启第一次尝试使用望远镜观察日食。望远镜就是"千里眼"，你知道吗，这千里眼，可是和物理学中的光有着很大的关系……

上 下 求 索 ● EXPLORATION

撰文：一喵师太
美术：Studio Yufo

双凸透镜

平凸透镜

弯月形凸透镜

凸透镜是一种四周薄、中间厚的镜片。

虽然形态不尽相同，但它们都是凸透镜。

当光线穿透玻璃时，会发生折射。由于凸透镜形态特殊，它会使光线弯曲，让光向中心折射。也就是说，在合适的距离中，凸透镜把大的物体缩小了。

不对，我用"千里眼"看到的东西，明明是被放大过的呀！

听我说完嘛。光线穿过凸透镜以后，就会来到凹透镜面前。

凹透镜又是什么啊？

和凸透镜不同，凹透镜是一种四周厚、中间薄的镜片。

凹透镜既能折射出放大的像，也能折射出缩小的像。在望远镜中，人们只利用了凹透镜放大影像的功能。

力拔山兮气盖世

无论是扛麻袋还是捏泥人，都是力在背后帮忙。在物理学中，我们把力解释为"物体对物体的作用"。

撰文：一喵师太 Spacium

在生活中，不管做什么事情，都需要用到力。

力大侠

敲黑板

用力的物体叫作"施力方"，被移动、变形的物体叫作"受力方"。

力有大有小，做不同的事情，需要用到的力也不一样大，只有力足够大，才能举起很重的物体。如果你想要移动一个很重的物体，除了要力气大外，还要注意用力的方向。

如果想要让你的力产生效果，就必须找到正确的"作用点"，力作用的位置就叫"作用点"。作用点的位置不同，也会影响力的效果。

如果只抓住鼎的一只足，作用点在一只足上，就会觉得很重。

如果作用点在中央，就会觉得轻松很多啦。

人往后蹬踏板，踏板就把人往前推。

用鸡蛋磕桌子，桌子会把鸡蛋磕碎。

生活中，随处可见作用力和反作用力的身影。

当你一拳打到沙包上时，你就对沙包施加了一个力。可是，打完以后，你会觉得自己的手也有痛感，这是因为沙包也对你施加了同样大小的力。力的作用是相互的。两个人同时做金鸡独立的动作，就相当于一对大小相等、方向相反、作用在同一条直线上的力。这就是作用力和反作用力。

作用力和反作用力总是同时产生、同时消失，并且作用在不同的两个物体上。

火箭向下喷射燃气，自己却被推了起来。

如果燃气突然消失，那么火箭马上就会掉下来。

作用力和反作用力的规律是由英国科学家牛顿总结出来的，这就是大名鼎鼎的牛顿第三定律。

牛顿

牛顿第三定律：相互作用的两个物体之间的作用力和反作用力总是大小相等、方向相反，作用在同一条直线上。

我们大家都是"力"

撰文：波奇　　美术：Studio Yufo

由于地球的吸引而使物体受到的力称为"重力"。

力——弹力

弹力是物体在形变后产生的能够让其恢复原状的力。

力——压力

在物理学中，当两个物体发生了接触并开始互相挤压时产生的力，就是压力。比如，你站在地面上，就对地面施加了压力。

▎力——浮力

当物体浮在水中且保持静止不动的时候，浮力的大小就等于物体重力的大小。

浮力，一般指的是物体在液体中受到的竖直向上的力。任何一个物体落入水中，都会受到浮力的作用。

谁掉下来我都托着!

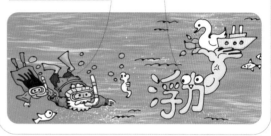

▎力——摩擦力

摩擦力藏在我们生活中的各个地方。冰面上很光滑，摩擦力很小，所以不管你怎么用力，都没法在冰面上站稳；凹凸不平的马路上，摩擦力就会变大，你推着小车就会觉得很费力。

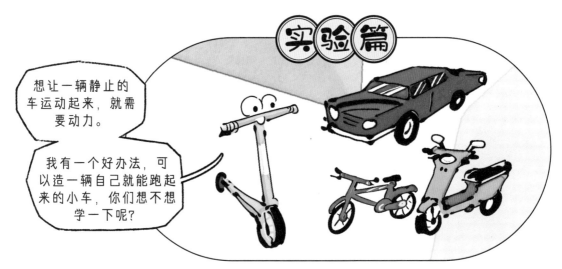

造一辆自己能跑的小车

撰文：一喵师太　　美术：Studio Yufo

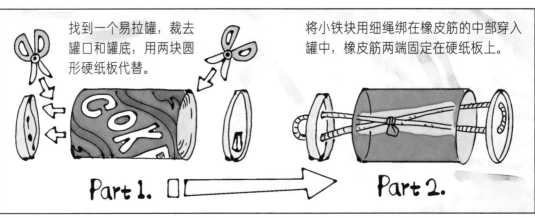

找到一个易拉罐，裁去罐口和罐底，用两块圆形硬纸板代替。

将小铁块用细绳绑在橡皮筋的中部穿入罐中，橡皮筋两端固定在硬纸板上。

Part 1.　　Part 2.

转动易拉罐，使橡皮筋拧成一股。把易拉罐放在地上，发生了什么现象？

大雾来了

撰文：一喵师太 波奇
美术：Studio Yufo

悄然而来的大雾遮挡了我们的视线，就像是想要挡住里面藏着怪兽一样。大雾里面真的有怪兽吗？哈哈，其实，大雾的形成可离不开物理学中的"热"……

江面上起雾，这是物态变化的现象。

物态变化是什么怪兽？

物态变化是一种物理现象。

嗯……我没明白。

我们身边的所有事物都是由分子或者原子构成的。气态物体中的分子排列非常自由，分子们想去哪里就去哪里。空气就属于气态。

我们身边的事物，有着不一样的形态。

固态物体中的分子的排列非常整齐、紧密，分子的移动速度非常慢。石头、土地等，都属于固态。

液态物体中的分子排列比较随意，分子可以用较快的速度移动、扩散。水属于液态。

水从液态变成气态的过程，叫作"汽化"。江面上方总是聚集着大量从水面蒸发出来的水蒸气。一般情况下，水蒸气是无色无味透明的气体，肉眼看不到。

夜间，空气中的温度很低，水分子遇到寒冷的空气，就会给自己穿上"小棉袄"，变成胖胖的小水珠。许许多多的小水珠聚在一起，就变成了大雾。从水蒸气变成水珠的过程，叫作"液化"。

等太阳升起来，空中的小水珠就会再次被汽化成透明的水蒸气，看不到了。

主编有话说

对于物态变化现象来说，水的三态（固态、液态、气态）变化最为普遍。古人的文献中有很多描写。例如，《庄子》中提到，"雨"就是"积水上腾"，水汽上升凝结成了雨；《尔雅》中也提到，"地气发，天不应，日雾"；到了汉代，《论衡·说日篇》中则进一步提到雨、雪、雾都和温度有关。古人对于物态变化的认识，大部分围绕着农业，如"白露""霜降"等节气，都和水的物态变化有关。

水库是城市的大空调

撰文：Spacium

你有没有发现，城市中的温度总是比郊区的温度高，这种现象叫作"热岛效应"。

由于工厂废气和汽车尾气的排放量大，城市上空被浓浓的烟雾笼罩着，热量很难散发出去，所以一到夏天，生活在城市里的人总会觉得更加闷热。而且，在城市中，无论是马路还是高楼，都是用混凝土等材料建造而成的，它们的比热容低，所以升温非常快。

热岛效应会让人们呼吸困难、心情抑郁，所以很多城市都在城市边缘修建了水库，既能调节城市温度，也能调节人们的心情。因为水的比热容高，在受到同样的阳光照射时，水的温度上升得慢，所以，即便是炎热的夏天，水面上吹过来的风也是凉爽的。

主编有话说

比热容

比热容就是物体吸收热量的能力。比如，在质量相等的情况下，如果想把水从0℃提高到1℃，需要吸收4份热量；如果想把沙子从0℃提高到1℃，只需要吸收1份热量。水需要的热量多，所以水的比热容高；沙子需要的热量少，所以沙子的比热容低。

不同的温度

城市

郊区

我们的生活离不开热

撰文：一喵师太
美术：Studio Yufo

噼里啪啦——生活中的电

撰文：洛普

热电厂可以产生电力，电视、电脑、电冰箱都离不开电。在物理学中，电学也是很重要的一部分。

你知道电是什么吗？电其实是一种自然现象，雷电就是自然界中最常见到的一种电。一部分中国古人把雷电视为上天惩罚人类的手段，并认为"被雷劈"的人一定是穷凶极恶的坏人，中国古代神话也把雷电现象当成"雷公""电母"两位神仙的法力。这些都是民间对于雷电现象的认识不够科学、不够充分的结果。

除了雷电外，你一定也经常见过另外一种电，尤其是秋冬比较干燥的时候。你猜到是什么了吗？没错，那就是静电。静电是一种常见的物理现象，每个人身上都会产生静电，在你梳头发的时候、穿衣服的时候、叠被子的时候，你都可以发现静电。

当然啦，让电灯泡亮起来的是电，让屏幕亮起来的也是电，没了电，就没有我们现在便利的生活。电并不是凭空出现在我们的家里的，它们"乘坐"着电线，到达每个人的家中。电线是用金属制成的"导体"，里面有大量的可以移动的电子。在电压的推动下，它们会迅速排成整齐的队伍向前进发，这支队伍就是电流。电流就像水一样，总是从电压高的地方流向电压低的地方。在每个城市里，都有一座"高压电塔"，不过高压电塔的电压太高了，容易损伤电器，所以必须经过变压

主编有话说

静电

世界上所有的东西都是由分子和原子构成的，原子内部包含质子、中子和电子三种微粒。其中，质子和电子身上分别带着"正电荷"和"负电荷"。当两个物体发生摩擦时，电子会被更强大的质子吸引，纷纷投奔过去。这个时候，正电荷和负电荷之间会释放出光和能量，有时还会发出"啪"的响声。这就是静电的来源。

器调节，才能输送给家庭使用。

电被送到了我们每个人的家中，但是我们必须要注意用电安全，这样才能保护好自己。在家庭电路中，触电和火灾是非常容易发生的用电事故。要记得不要用湿抹布擦拭电器，因为水中存在大量自由移动的微粒，是很好的导体，用湿抹布擦

拭电器，会导致人体直接触碰高压电流，威胁生命。而且，每个插座的"负重能力"都是有限的，如果在同一个插座上同时使用很多电器，就会导致许多电流同时出现在插座中，插座不堪重负，就会被电流烧坏。

在户外，也要注意远离一切高压带电体，这样才能保证安全。

▶延伸知识

雷电

云层中聚集着冰晶、霰粒等小颗粒，这些小颗粒在云层中相互摩擦，产生了大量的正、负电荷。当云层中的正、负电荷发生放电现象时，就是我们常见的雷电。雷电会释放出巨大的冲击波，还会发出巨大的雷声，所以非常危险。

▼危险藏在哪里？

答案见第40页

可以吃的发电机

撰文：一喵师太

你们相不相信，世界上有可以吃的发电机？
跟我一起来看一看吧！

步骤 1

准备三根导线，导线分别连接
上镀锌螺丝钉、镀铜螺丝钉和
金属夹。

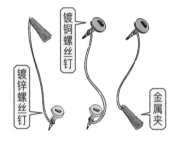

镀铜螺丝钉

镀锌螺丝钉

金属夹

步骤 2

用导线和螺丝钉把橙子连起来。和镀锌螺丝钉连
接在一起的一端接在发光二极管短脚，和镀铜螺
丝钉连接在一起的一端接在发光二极管长脚。发
光二极管就是我们常用的 LED 灯泡，这种灯既
明亮又省电，是我们生活中的好帮手。

39 页答案

危险就藏在电灯和插座中，一定要记住不
要用湿抹布擦电器、不要让插座过载哦。

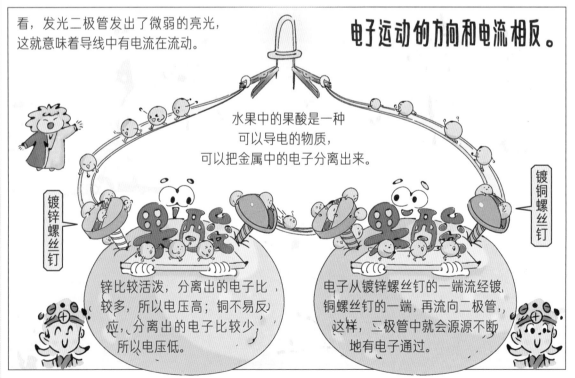

看，发光二极管发出了微弱的亮光，
这就意味着导线中有电流在流动。

电子运动的方向和电流相反。

水果中的果酸是一种
可以导电的物质，
可以把金属中的电子分离出来。

镀锌螺丝钉

镀铜螺丝钉

锌比较活泼，分离出的电子比
较多，所以电压高；铜不易反
应，分离出的电子比较少，
所以电压低。

电子从镀锌螺丝钉的一端流经镀
铜螺丝钉的一端，再流向二极管，
这样，二极管中就会源源不断
地有电子通过。

发电厂的主力军

撰文：十九郎

　　虽然水果也能发电，但是水果却不能成为发电厂的"主力军"。发电厂可以发电，依靠的是和电难舍难分的"磁"。19世纪，英国物理学家法拉第发现，当一个完整的闭合电路切割磁铁产生的磁场时，就会有微弱的电流产生。发现了这个现象以后，法拉第发明了人类史上的第一台发电机，人类由此进入了电气时代。

主编有话说

磁

提到磁，大家最熟悉的应该是磁铁。磁铁是一种特殊的石头，拥有两个磁极，分别是S极和N极，也就是南极和北极。磁铁的同性两极相斥，异性两极相吸。地球就是一个巨大的磁铁，地磁南极位于地球北极附近，地磁北极位于地球南极附近。地磁的南北极形成了一个巨大的磁场，让指南针指向南方和北方。

电流也会产生磁场，电磁场会影响指南针的方向。而且电场和磁场还会互相激发，形成不断向四边八方延伸的波纹，这就是电磁波。消毒用的紫外线是一种电磁波，医院里用的X射线也是一种电磁波，电磁波真是大大方便了我们的生活啊。

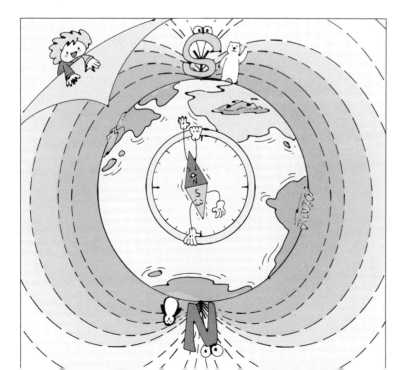

延伸知识

闭合电路

如果将导线、用电器等物体连成一个完整的圆圈，就形成了一个闭合电路。

在我们的印象里，

西方世界对物理学的研究和认识更成体系，

而且西方世界也有众多改变人类发展进程的厉害发明，

所以很多人会认为中国物理学研究起步晚且较为落后。

那么中国物理学起步真的比较晚吗？

周院士对此有什么看法呢？

周立伟

中国工程院院士，电子光学和光电子成像专家

中国物理学起步真的晚吗？

答 我国的声学研究史，大部分都和音乐、乐器相关。先秦时期《考工记》中的"薄厚之所震动，清浊之所由出"，就说明了钟是通过振动发声的。到了唐代，人们就已经准确总结出了声音的来源，《乐书要录》中就曾指出"形动气彻，声由所出也"，正式得出了"物体运动或振动，引发了空气的振动，就是声音的来源"这一声学原理。

早在春秋战国时期，我国劳动人民就已经对光沿直线传播这一原理有了清晰的认识。相传在汉朝时，汉武帝思念过世的李夫人，一个名叫少翁的人让宫女穿上李夫人的衣服，在点着蜡烛的帐帷后面模仿李夫人的动作。汉武帝透过帐帷看去，宫女的影子好像真的是李夫人重影一样，这样把光源、屏幕和影子组合在一起的"影戏"，就是我国非物质文化遗产——皮影戏的前身。

　　除了声学和光学，中国古人对于力学也有自己的研究和记载。大家都知道，一个苹果掉在了牛顿的头上，让牛顿发现了万有引力。可是你知道吗？早在战国时期，《墨子》中就提到"重之谓下，与重，奋也"，他发现万物都受到一个向下的力的作用，只有向上用力，才能对抗向下的力量。《天工开物》中还记载了测量弓的弹力的方法：用杆秤勾着弓的正中间，然后用秤砣把弓弦拉满，就能知道拉开这张弓需要用多大的力气了。

　　所以你看，这些物理现象并不是只在实验室里，不是在遥远的西方世界，而是在中国，是在你熟悉的成语故事里，是在你每天背诵的古诗古文里，是在你听过的琵琶曲里，是在你看过的皮影戏里，是在我们误以为对物理学的认知和研究都很落后的中国古代。中国的物理学有着很悠久的历史，它在古籍中多有记载，并且多以工具的形式造福中华民族数千年，服务着人们的生活和劳动。

撰文：波奇

选一选

01 你觉得，是蚊子的音调高还是牛的音调高？（　　）

A. 蚊子

B. 牛

C. 一样高

四年级 科学

02 为什么电影院里的墙壁都用那种凹凸不平的材料来涂装呢？（　　）

A. 可以吸收声音，避免观众的听力被损伤

B. 可以反射声音，避免观众的听力被损伤

四年级 科学

03 大地震前很多小动物都会做出反应，这是因为什么呢？（　　）

A. 因为它们可以听到次声波

B. 因为它们可以听到超声波

五年级 科学

04 月球反射了太阳光，所以我们可以在晚上看见天上的"发光"的月亮，那月球是光源吗？（　　）

A. 是

B. 不是

五年级 科学

05 凸透镜四周薄、中间厚，在合适的距离下，它可以把放大的物体（　　）。

A. 缩小

B. 放大

六年级 科学

06 烧水时，水到最后烧开了会沸腾起来，这是一种什么样的物态变化？（　　）

A. 液化

B. 蒸发

C. 汽化

三年级 科学

07 下面哪个不符合安全用电的要求呢？（　　）

A. 用干抹布擦拭电器

B. 合理使用插座，拒绝过载

C. 在高压线下放风筝

四年级 科学

08 用鸡蛋磕桌子，桌子会把鸡蛋磕碎，这是为什么呢？

09 次声波有伤害人类的"黑历史"，但是人类并没有"放弃"它。你觉得这样做对不对呢？

填一填

名词索引

头脑风暴答案

1.A 2.A 3.A 4.B 5.A 6.C 7.C

8. 参考答案：因为力的作用是相互的，鸡蛋给了桌子一个力，桌子反过来会把这个力还给鸡蛋，可是鸡蛋不如桌子那么坚硬，所以它就被磕碎了。

9. 参考答案：我觉得，科学家做出来的这些努力，是正确的，也是能帮助人类的。尽管有些次声波会对人类造成危害，但是我们的生活中处处都有次声波。既然我们不可能把它消灭掉，我们就应该换一个思路，尽最大的努力去研究它，找出它能够创造价值的领域。

致谢

《课后半小时 中国儿童核心素养培养计划》是一套由北京理工大学出版社童书中心课后半小时编辑组编著，全面对标中国学生发展核心素养要求的系列科普丛书，这套丛书的出版离不开内容创作者的支持，感谢米莱知识宇宙的授权。

本册《物理现象 发现身边的它们》内容汇编自以下出版作品：

[1]《物理江湖》，北京理工大学出版社，2022 年出版。

[2]《进阶的巨人》，电子工业出版社，2019 年出版。

图书在版编目（CIP）数据

课后半小时 : 中国儿童核心素养培养计划 : 共31册/
课后半小时编辑组编著. –– 北京 : 北京理工大学出版社, 2023.5
　　ISBN 978-7-5763-1906-4

　　Ⅰ. ①课… Ⅱ. ①课… Ⅲ. ①科学知识—儿童读物
Ⅳ. ①Z228.1

　　中国版本图书馆CIP数据核字(2022)第233813号

出版发行 / 北京理工大学出版社有限责任公司
社　　　址 / 北京市海淀区中关村南大街5号
邮　　　编 / 100081
电　　　话 / （010）82563891（童书出版中心）
网　　　址 / http://www.bitpress.com.cn
经　　　销 / 全国各地新华书店
印　　　刷 / 雅迪云印（天津）科技有限公司
开　　　本 / 787毫米 × 1092毫米　1 / 16
印　　　张 / 83.5
字　　　数 / 2480千字　　　　　　　　　　　　　　　　责任编辑 / 王玲玲
版　　　次 / 2023年5月第1版　2023年5月第1次印刷　　文案编辑 / 王玲玲
审 图 号 / GS（2020）4919号　　　　　　　　　　　　责任校对 / 刘亚男
定　　　价 / 898.00元（全31册）　　　　　　　　　　责任印制 / 王美丽